Rituais ontem e hoje

Coleção **PASSO-A-PASSO**

CIÊNCIAS SOCIAIS PASSO-A-PASSO
Direção: Celso Castro

FILOSOFIA PASSO-A-PASSO
Direção: Denis L. Rosenfield

PSICANÁLISE PASSO-A-PASSO
Direção: Marco Antonio Coutinho Jorge

Ver lista de títulos no final do volume

Mariza Peirano

Rituais ontem e hoje

ZAHAR

Capa
Sérgio Campante

Composição
TopTextos Edições Gráficas Ltda.

Impressão sob demanda
UmLivro

Papel
Offset, Suzano S.A.

CIP-Brasil. Catalogação na fonte
Sindicato Nacional dos Editores de Livros, RJ

Peirano, Mariza
P425r Rituais ontem e hoje / Mariza Peirano. — 1ª ed. — Rio de Janeiro: Zahar, 2003.
(Passo-a-passo; v.24)

Inclui bibliografia
ISBN 978-85-7110-728-1

1. Ritos e cerimônias. 2. Usos e costumes. I. Título. II. Série.

CDD: 392
03-1173 CDU: 392

[2020]

EDITORA SCHWARCZ S.A.
Praça Floriano, 19, sala 3001 — Cinelândia
20031-050 — Rio de Janeiro — RJ
Telefone: (21) 3993-7510
www.companhiadasletras.com.br
www.blogdacompanhia.com.br
facebook.com/editorazahar
instagram.com/editorazahar
twitter.com/editorazahar

FSC
www.fsc.org
MISTO
Papel produzido a partir de fontes responsáveis
FSC® C128038

A marca FSC® é a garantia de que a madeira utilizada na fabricação do papel deste livro provém de florestas que foram gerenciadas de maneira ambientalmente correta, socialmente justa e economicamente viável, além de outras fontes de origem controlada.

Sumário

Agradecimentos

Este texto foi escrito no primeiro semestre de 2002, quando estive associada ao David Rockefeller Center for Latin American Studies, na Universidade de Harvard. As excelentes condições de trabalho do Centro permitiram-me total concentração na elaboração do livro. Durante esse período, recebi uma bolsa "Estágio Senior" do CNPq. Agradeço a Celso Castro o convite e o diálogo; a Wilson Trajano Filho, as sugestões; e a Stanley Tambiah, a confiança.

Introdução

Em qualquer tempo ou lugar, a vida social é sempre marcada por rituais. Esta afirmação pode ser inesperada para muitos, porque tendemos a negar tanto a existência quanto a importância dos rituais na nossa vida cotidiana. Em geral, consideramos que rituais seriam eventos de sociedades históricas, da vida na corte européia por exemplo, ou, em outro extremo, de sociedades indígenas. Entre nós, a inclinação inicial é diminuir sua relevância. Muitas vezes comentamos: "Ah, foi apenas um ritual", querendo enfatizar exatamente que o evento em questão não teve maior significado e conteúdo. Por exemplo, um discurso pode receber este comentário se for considerado superficial em relação à expectativa de um importante comunicado. Ritual, neste caso, é a dimensão menos importante de um evento, sinal de uma forma vazia, algo pouco sério — e, portanto, "apenas um ritual". Agimos como se desconhecêssemos que forma e conteúdo estão *sempre* combinados e associamos o ritual apenas à forma, isto é, à convencionalidade, à rigidez, ao tradicionalismo e ao status quo. Tudo se passa como se nós, modernos, guiados pela livre vontade, estivéssemos liberados deste fenômeno do passado. Em suma, usamos o termo ritual no dia-a-dia com uma conotação de fenômeno formal e arcaico.

Este livro tem como objetivo mostrar em que sentido essas noções negativas do ritual estão equivocadas. Minha perspectiva é, portanto, otimista e afirmativa em relação aos rituais. Ao mesmo tempo, pretendo apontar para o potencial da antropologia em favorecer uma compreensão mais nuançada, mais densa e menos sociocêntrica de fenômenos contemporâneos. Como um dos pontos centrais, sugiro que nosso senso comum geralmente se baseia em uma dicotomia preconceituosa sobre duas maneiras de pensar e viver. Elas surgem como se fossem polares e irreconciliáveis, mas não o são. De um lado, existe uma crença de que pensamos e vivemos de forma racional e lógica. No outro extremo, tendemos a imaginar que a vida fora do mundo urbano ocidental é não-racional, mística ou, mesmo, irracional. Nos dois casos, dominam julgamentos de valor apressados que podem nos levar a visões maniqueístas perigosas. Nelas não há lugar para tonalidades e nuanças — só para extremos como branco e preto; não há qualidades humanas de entendimento e compreensão — apenas o bem ou o mal. É neste contexto que a antropologia surge como uma promessa que precisamos aproveitar. Os rituais são uma das portas para essa abordagem.

O conceito de ritual hoje

O nosso ponto de partida será uma definição operativa de ritual, que se fundamenta sobre as seguintes bases e com a seguinte orientação:

- primeiro, evitamos uma definição rígida e absoluta. A compreensão do que é um ritual não pode ser antecipada. Ela precisa ser *etnográfica*, isto é, apreendida pelo pesquisador em campo junto ao grupo que ele observa. Esta postura deriva da noção de que a antropologia sempre deu (ou teve como intenção dar) razão e voz aos nativos, levando em consideração a perspectiva de um "outro" diferente, de grupos que não pensam e agem como nós. Explico em relação aos rituais: em todas as sociedades, existem eventos que são considerados especiais. Na nossa, por exemplo, distinguimos uma formatura, um casamento, uma campanha eleitoral, a posse de um presidente da república, e até mesmo um jogo final da Copa do Mundo como eventos especiais e não-cotidianos. Quando assim vistos, eles são potencialmente "rituais". O pesquisador deve, portanto, desenvolver a capacidade de apreender o que os nativos estão indicando como sendo único, excepcional, crítico, diferente;
- segundo, sugiro que a natureza dos eventos rituais não está em questão: eles podem ser profanos, religiosos, festivos, formais, informais, simples ou elaborados. Se aceitamos que todos os eventos mencionados no item anterior (formatura, eleição, jogo de futebol) podem ser analisados como rituais, não nos interessa seu conteúdo explícito — interessa, sim, que eles tenham uma forma específica (um certo grau de convencionalidade, de redundância, que combinem palavras e outras ações etc.);
- terceiro, se estabelecemos que a definição é etnográfica, então um ritual não se caracteriza pela ausência de uma

aparente racionalidade ou pela falta de uma relação instrumental entre meios e fins. Estes são critérios da *nossa* sociedade e só podem confundir a percepção se os consideramos uma medida universal. Afinal, somos nós que nos acreditamos mais racionais, mais espontâneos, mais pragmáticos. Assim sendo, definições antecipadas — de ritual ou, aliás, de qualquer outro fenômeno — só tendem ao empobrecimento se não coincidem com nossos valores explícitos;

- quarto, partindo do princípio de que uma sociedade possui um repertório relativamente definido (embora flexível), compartilhado e público de categorias, classificações, formas, valores etc., o que se encontra no ritual também está presente no dia-a-dia — e vice-versa. Consideramos o ritual um fenômeno especial da sociedade, que nos aponta e revela representações e valores de uma sociedade, mas o ritual expande, ilumina e ressalta o que já é comum a um determinado grupo. Como venho enfatizando, ao invés de nos fixarmos nos critérios (ocidentais) de racionalidade, procuraremos seguir critérios de criatividade e eficácia. Rituais são bons para transmitir valores e conhecimentos e também próprios para resolver conflitos e reproduzir as relações sociais;
- finalmente, como vivemos em sociedade, tudo aquilo que fazemos tem um elemento comunicativo implícito. Ao nos vestirmos de determinada forma, ao assumirmos determinadas maneiras à mesa, ao escolhermos determinados lugares para freqüentar, estamos comunicando preferências, status, opções. Da mesma forma, falar tam-

bém é uma forma de agir, como qualquer outro tipo de fenômeno: falar e fazer têm, cada um, sua própria eficácia e propósito, mas ambos são ações sociais.

Com base nestes cinco pontos, adotamos uma definição operativa, formulada por Stanley Tambiah, antropólogo que se distinguiu pelos estudos contemporâneos sobre rituais. Traduzo de forma livre um texto elaborado em 1985, acrescentando alguns exemplos que nos são próximos:

> O ritual é um sistema cultural de comunicação simbólica. Ele é constituído de seqüências ordenadas e padronizadas de palavras e atos, em geral expressos por múltiplos meios. Estas seqüências têm conteúdo e arranjo caracterizados por graus variados de formalidade (convencionalidade), estereotipia (rigidez), condensação (fusão) e redundância (repetição). A ação ritual nos seus traços constitutivos pode ser vista como "performativa" em três sentidos: 1) no sentido pelo qual dizer é também fazer alguma coisa como um ato convencional [como quando se diz "sim" à pergunta do padre em um casamento]; 2) no sentido pelo qual os participantes experimentam intensamente uma performance que utiliza vários meios de comunicação [um exemplo seria o nosso carnaval] e 3), finalmente, no sentido de valores sendo inferidos e criados pelos atores durante a performance [por exemplo, quando identificamos como "Brasil" o time de futebol campeão do mundo].

As implicações dessas idéias serão apreciadas no decorrer do livro, mas desde já se pode perceber a distância existente entre a abordagem que vamos elaborando e a idéia de "ritual" do senso comum. Isto é, ritual não é algo fossilizado, imutável, definitivo. Mas até os antropólogos foram, por muito tempo, vítimas desta visão preconceituosa de ritual — antropólogos, em sua maioria, também fazem parte da sociedade ocidental. Para indicar como esse fato afeta a disciplina, cito dois exemplos de fenômenos que marcaram, em termos etnográficos e teóricos, a história da antropologia: o *potlach* e o *kula*. No entanto, sua importância e sua influência não foram atribuídas ao fato de se constituírem em "rituais". Por que não?

O *potlach* e o *kula*: à parte da historiografia dos rituais

Há um século, entre 1890 e 1915, aproximadamente, quando os europeus (e os antropólogos) se consideravam parte de uma civilização acima de tudo racional, o *potlach* e o *kula* chamaram a atenção respectivamente de Franz Boas (que pesquisou os kwakiutl no noroeste dos Estados Unidos) e de Bronislaw Malinowski (na Melanésia), porque ambos os fenômenos contestavam o senso comum sobre a racionalidade econômica. Afinal, o *potlach* parecia um grande desperdício de bens preciosos (a tal ponto que o governo norte-americano da época tentou proibi-lo). Por sua vez, o *kula* parecia uma troca muito elaborada de objetos preciosos mas inúteis. O mérito de Boas e de Malinowski foi o de recuperar o significado positivo desses dois fenômenos, indicando sua importância para os grupos que os inventaram e/ou adotaram — e demonstrando que o Ocidente também tinha casos equivalentes.

Vejamos um pouco melhor os dois. Primeiro, o *potlach*, identificado no final do século XIX entre os prósperos Tinglit e Haida do noroeste dos Estados Unidos. Esses grupos passavam invernos longos e frios em contínuos festivais, banquetes, feiras e mercados, que eram, ao mesmo tempo, encontros tribais solenes de comunidades antagônicas. O espírito de rivalidade, no entanto, não se manifestava em lutas ou guerras, mas em destruição da própria riqueza acumulada. Essa era a forma de desafiar um chefe oposto — que, então, precisaria destruir mais riquezas para suplantar a posição hierárquica do rival. Nessas ocasiões, é preciso salientar, não apenas ocorria destruição de propriedade (como queima de cobertores, lançamento de placas de cobre decoradas ao mar etc.), mas também se realizavam casamentos, iniciações de jovens, sessões xamanísticas, cultos aos deuses, aos totens e aos ancestrais, além de comércio rotineiro.

Já no *kula*, não se tratava de destruição de propriedade, mas de troca cerimonial de braceletes e colares. Nesse caso, o aspecto bizarro ficava por conta da preciosidade de ambos os artefatos que, apesar de serem considerados muito valiosos, quase nunca eram usados. Braceletes e colares eram minúsculos ou, ao contrário, enormes. Apesar dessa aparente falta de racionalidade, a troca do *kula* mobilizava todo o arquipélago das ilhas Trobriand, em um sistema inter e intratribal de transações. Para trocar braceletes por colares (e vice-versa) com seus parceiros, os chefes trobriandeses construíam canoas, sofisticadas em termos náuticos e elaboradas no aspecto estético, e se lançavam em grandes expedições marítimas. As trocas eram, então, conduzidas de maneira considerada nobre, isto é, segundo os costumes locais, aparentemente desinteressada e de forma modesta. Tudo acontecia ao som do sopro de uma concha, que indicava a solenidade da ocasião. Como no caso do *potlach*, o *kula* consistia em um sistema complexo, em que se alternavam as atividades de oferecer e retribuir. A posse dos objetos era sempre temporária e a retribuição não podia ser imediata. (Como a taça de uma Copa Mundial de Futebol, todos aqueles eram objetos que, por sua natureza, devem passar adiante.)

Vemos então que, quando Boas e Malinowski trouxeram o *potlach* e o *kula* para o conhecimento do mundo ocidental, o aspecto dominante era o da afirmação da racionalidade dessas práticas. Explico: como se tratava de casos estranhos à lógica ocidental — puro desperdício de bens preciosos no caso do *potlach* e troca de objetos inúteis no *kula* —, a razão econômica era a questão mais óbvia a ser discutida. O trabalho de Boas e de Malinowski tornou-se importante por contradizer as teorias da época sobre a economia primitiva. Kwakiutl e trobriandeses eram racionais em seus respectivos contextos sociais, e suas práticas tinham uma função sociológica específica de construção e manutenção de laços sociais duradouros. Neste sentido, autores da época inseriam paralelos com o mundo ocidental para mostrar que aquelas práticas eram estranhas e bizarras apenas na aparência. Marcel Mauss, por exemplo, lembrou que os franceses, como os kwakiutl, também competiam com presentes cerimoniais e casamentos suntuosos e se sentiam compelidos a revanches — com grande "desperdício" de riquezas. Por sua vez, Malinowski associou os objetos da troca do *kula* às jóias da realeza britânica — nem sempre bonitas, às vezes exageradas mesmo, mas extremamente valiosas e de grande prestígio.

A ênfase dos antropólogos na negação da irracionalidade foi central. Naquele contexto, então, o fato de o *potlach* ou o *kula* serem rituais ou não era uma questão menor. Para os estudiosos da época era mais importante fixar o significado nativo desses fenômenos. Veja como nem Boas nem Malinowski tentaram traduzir para o inglês os termos kwakiutl e trobriandês para os fenômenos que estou descrevendo, mantendo-os no original. No entanto, podemos hoje constatar os aspectos rituais de ambos: 1) como fenômenos culturais de comunicação — sem fazer sentido para os ocidentais, faziam-no para os nativos; 2) constituídos de seqüências padronizadas de palavras e atos, freqüentemente expressos em múltiplos meios — colares, braceletes, diálogos cerimoniais, músicas, pinturas corporais, cobertores, placas de cobre, posturas etc. faziam parte do repertório destes eventos; 3) a formalidade, a estereotipia e a repetição — que os nativos reconheciam e enfatizavam — marcavam os eventos; 4) ambos produziam valores sociais durante a performance — status e prestígio eram construídos ou destruídos, concepções de riqueza estabelecidas, noções de dignidade e de generosidade reforçadas.

Vale, portanto, uma palavra rápida sobre o contexto da pesquisa antropológica nas primeiras décadas do século XX. O modelo canônico, depois de Malinowski, estabelecia que o pesquisador deveria passar pelo menos dois anos imerso no campo para depois, de um lado, enfrentar o desafio de combinar a diversidade das culturas, sociedades e povos e, de outro, demonstrar a unidade psíquica da humanidade. Com essa agenda, antropólogos fizeram pesquisas em lugares remotos, nos quais precisavam aprender (e se tornar competentes) as línguas nativas para, finalmente, compreender o funcionamento de uma sociedade diversa e atingir, com perseverança, perspicácia e empatia, "o ponto de vista do nativo".

Assim, a comparação, explícita ou implícita, tornou-se um procedimento usual na disciplina. A partir da comparação, a sociedade ocidental passou a ser percebida como apenas *um caso a mais* na totalidade da experiência humana. Resultado: um certo tipo de relativismo passou a dominar a disciplina — costumes estranhos ao Ocidente passaram a ser lógicos em seus contextos de origem. Como se alcançou este feito? Fixando-se nos eventos que surpreendiam os antropólogos no campo, que surgiam como "diferentes" ou estranhos. Foi assim que tanto o *potlach* quanto o *kula* deixaram uma marca fundamental na antropologia.

Mas vimos como esses fenômenos desafiavam e confrontavam as crenças de uma progressiva racionalidade — crenças estas que dominavam o senso comum na época. O mundo futuro seria o da ciência e da racionalidade. Magia e religião eram manifestações arcaicas, antigas ou, quando muito, simples e elementares. É nesse ambiente que a discussão sobre ritual, ligada justamente às manifestações de magia e de religião, mas não sem ambivalências, surge como um tema explicitamente relevante para a antropologia. Vamos a esta historiografia, então.

A historiografia canônica

Como já mencionamos, no início do século XX dominava no senso comum uma dicotomia entre comportamentos não-racionais, místicos e sagrados, de um lado, e comportamentos racionais, utilitários e profanos, de outro. Na antropologia, esta dicotomia desencadeou reações teóricas diversas, quando não opostas. Para alguns autores, o ritual, como parte da magia e religião, era coisa ultrapassada; para outros, ele poderia ajudar a esclarecer formas elementares de sociabilidade.

Duas correntes exemplificam essas posições polares. James Frazer e Edward Tylor, ambos autores ingleses, partilhavam a primeira visão; Émile Durkheim e Marcel Mauss, sociólogos franceses, a segunda. Enquanto Frazer e Tylor colocavam especial ênfase no pensamento — e, portanto, vinculavam o ritual diretamente às questões da racionalidade humana —, Durkheim e Mauss inovavam ao enfatizar a sociedade, seu poder e sua eficácia — ao invés de procurar a "razão humana", interessava a eles a "razão da sociedade". Os primeiros ficaram conhecidos como "intelectualistas"; os segundos, como "sociológicos".

Durkheim e Mauss. O que significa dar prioridade à sociedade? Para Durkheim (1858-1917) e Mauss (1872-1950), a sociedade é um todo que nos antecede, com poderes de guiar nossa vida, reproduzindo-a e/ou transformando-a. Assim como a língua que falamos, nossa liberdade e criatividade desenvolvem-se em um contexto. Com a finalidade de examinar os processos de sociabilidade, Durkheim propõe uma concepção de sociedade que estabelece um vínculo essencial entre rituais, de um lado, e representações, de outro. Por sua vez, esse vínculo inclui a consideração da eficácia social: "O fiel que se pôs em contato com seu deus não é apenas um homem que percebe verdades novas que o descrente ignora, é um homem que *pode* mais." Refutando a idéia de que a religião é apenas um sistema de idéias, para Durkheim os cultos são a prova experimental das crenças, sustentando-as — os cultos (ou rituais) são "atos de sociedade". Através deles, a sociedade toma consciência de si, se recria e se afirma.

Dou um exemplo próximo: para reafirmar a idéia de que o Brasil é um Estado-nação, desenvolvemos vários rituais, como o dia que celebra a Proclamação da Independência, da República etc. Outros rituais, como as eleições para presidente, tornam-se, eles próprios, uma consagração da nacionalidade. Essas datas "rituais" (dias especiais, feriados nacionais, com o envolvimento da população) reafirmam nosso status como nação independente e recriam regularmente essa idéia. Para Durkheim, rituais criam um corpo de idéias e valores que, sendo socialmente partilhados, assumem uma conotação *religiosa.* Religião para Durkheim e Mauss, portanto, não é algo que diz necessariamente respeito aos deuses e ao sobrenatural, mas à sociedade. A sociedade é "sagrada", já dada, sacrossanta; sua existência não é questionável. (O sociólogo norte-americano Robert Bellah cunhou o termo "religião civil" para caracterizar os valores sociais nos Estados Unidos.)

Rituais e representações formam, à vista disso, um par indissociável. Mas, para sua sobrevivência, é necessário um grupo de pessoas, uma comunidade moral relativamente unida em torno de determinados valores. A essa comunidade Durkheim chama de "igreja". (Note-se, portanto, que o termo igreja não tem o mesmo sentido que o senso comum atribui, isto é, uma edificação própria para práticas religiosas ou uma comunidade cristã.) Rituais e representações são tão determinantes da vida em sociedade que, muitas vezes, exigem que os indivíduos dêem sua própria vida para defendê-los, como, por exemplo, em casos de guerra. Mas também estão presentes em grandes festividades, como demonstrações populares.

Uma nota breve: Durkheim teve em William Robertson Smith (1846-1894) um antecessor na identificação de representações e de rituais. Professor de teologia, Robertson Smith advogava o estudo comparativo das religiões. Embora o cristianismo fosse sua religião modelo, para ele qualquer uma consistia — como para Durkheim depois — em crenças (dogmas) e práticas (rituais), o ritual tendo relativa predominância sobre as crenças.

Tylor e Frazer. Se Durkheim desenvolveu uma visão sociológica, Tylor (1832-1917) e Frazer (1854-1941) são vistos como "intelectualistas" pela ênfase que colocaram no pensamento humano. Para Tylor, a definição de religião centrava-se na "crença em seres espirituais", que não advinha da sociedade, como em Durkheim, mas era o produto de uma evolução natural, regular, contínua e progressiva das capacidades mentais do animal humano no estado social. Sendo os costumes irracionais o produto da razão imperfeita, a evolução deveria ser objeto de um estudo científico próprio. Bastava então focalizar os vestígios que foram deixados de períodos anteriores, as superstições da época ou os "selvagens contemporâneos" para observar a evolução social. Assim, Tylor propunha que a crença nos espíritos teria sido a primeira de uma série: o "animismo" seria a forma mais primitiva de religião e teve início a partir de um esforço racional (embora não crítico) para explicar fenômenos empíricos misteriosos, tais como a morte, sonhos, possessão. Do animismo, a espécie humana progrediu para o politeísmo e deste para o monoteísmo. A história da religião mundial era, portanto, a história de um entendimento progressivo e mesmo inevitável.

Outra visão "intelectualista" é a de Frazer, que, para muitos, desenvolve a primeira teoria genuína da magia. Embora tanto a magia quanto a ciência se baseassem nas mesmas leis de associação do pensamento, a magia era a ciência mal aplicada. Duas leis de associação do pensamento foram identificadas por Frazer: a associação por similaridade e a associação por contigüidade. A primeira se definia pela proposta de que o semelhante produz o semelhante; a segunda, pela idéia de que tudo que já esteve em contato continua a agir mesmo à distância, depois de cessar o contato. Dou dois exemplos simples: a crença de que comer um peixe sem escamas, de couro liso, pode provocar um aborto é um exemplo da lei de similaridade. A lei da contigüidade é aquela que dá poderes especiais ao cabelo ou às unhas de um indivíduo, como parte dele, e devido à característica de permanente crescimento.

Para Frazer, a humanidade teria passado por três estágios: magia, religião e ciência. A magia já contém as leis definitivas do pensamento, mas a aplica mal; a religião nasce quando se percebe que a magia não produz resultados e delega-se o poder a seres sobrenaturais; finalmente, a ciência retoma a responsabilidade da relação entre causa e efeito, e aplica as leis de forma correta. Esta idéia de estágios não sobreviveu por muito tempo, mas é importante assinalar que as leis de associação do pensamento identificadas por Frazer tiveram vida duradoura: elas são hoje a base das noções de metáfora e metonímia na lingüística, da compreensão do distúrbio da afasia e, na psicanálise, influenciaram Freud na interpretação dos sonhos.

Rituais e magia

Recapitulemos brevemente: a grande divisão entre magia e ciência correspondeu a várias dicotomias — racionalidade *vs.* irracionalidade; sagrado *vs.* profano; pensamento *vs.* ação; crenças *vs.* rituais. Reconhecida a importância dos rituais, várias tentativas de classificá-los — embora não esgotassem o tema — tiveram um resultado bastante positivo, especialmente retirando-os do âmbito da religião compreendida de forma restrita como crenças em seres sobrenaturais.

Arnold van Gennep. Um dos primeiros autores a se libertar das amarras da religião e se dedicar ao estudo do ritual em si foi Arnold Van Gennep (1873-1957), que propôs uma classificação dos rituais de acordo com o papel que desempenhavam na sociedade. Mas não apenas isso: esse autor, que se seguiu a Durkheim, também procurou examinar em detalhe as partes constitutivas do ritual.

Van Gennep ficou conhecido pelo estudo dos chamados "ritos de passagem", título de seu principal livro, publicado em 1909. Ritos de passagem eram definidos como aqueles momentos relativos à mudança e à transição (de pessoas e grupos sociais) para novas etapas de vida e de status. Exemplos clássicos eram a gravidez e o parto, períodos de iniciação, noivados e casamentos, funerais, assim como mudanças de estação ou fases da lua, plantio e colheita, ordenações e posses de novos cargos. Para Van Gennep esses rituais exibiam uma ordem comum: primeiro, havia uma separação das condições sociais prévias; depois, um estágio liminar de transição; e, finalmente, um período de incorporação a uma nova condição ou reagregação à antiga. Estas três fases dos rituais eram vistas como universais.

Van Gennep demonstrava um grande fascínio pela fase liminar dos rituais, quando indivíduos ou grupos entram em um estado social de suspensão, separados da vida cotidiana, porém ainda não incorporados em um novo estado. Nesse momento, indivíduos são "perigosos", tanto para si próprios quanto para o grupo a que pertencem. A função dessa fase é reduzir as tensões e os efeitos perturbadores próprios a mudanças. Van Gennep, no entanto, estava consciente de que nem sempre essa é a fase mais significativa de um ritual: por exemplo, em funerais predominam ritos de separação, os casamentos tendem a enfatizar ritos de incorporação, e ritos de transição dominam as cerimônias de puberdade.

Há outros três aspectos importantes nos quais Van Gennep insistiu: primeiro, que os ritos de puberdade ou iniciação não coincidem necessariamente com a puberdade fisiológica — a puberdade é sempre definida socialmente; segundo, ele enfatizou a importância da troca ritual (assim antecipando Malinowski e Mauss na análise da reciprocidade); finalmente, notou a similaridade entre a estrutura dos ritos individuais e dos ritos grupais. É importante mencionar que, aderindo ao método comparativo (Van Gennep se definia como etnógrafo e folclorista), ele se afastava daqueles que, como Frazer e Tylor, davam ênfase especial à psicologia individual. Para ele, os padrões das cerimônias deveriam ser examinados como totalidades e a comparação deveria se basear nas similaridades de estrutura, mais que de conteúdo. Assim, podemos dizer que, ao contrário daqueles que propunham isolar estágios de desenvolvimento (como fetichismo, animismo, totemismo etc.), Van Gennep estava mais interessado na dinâmica da mudança que o ritual favorecia.

Gregory Bateson e Naven. Nas décadas de 1930 e 1940, o estudo exclusivo de rituais parece ter caído em desuso — mesmo que, como vimos com Malinowski e Boas, fenômenos rituais tenham sido identificados e descritos. É preciso aqui acrescentar a contribuição de A.R. Radcliffe-Brown (1881-1955) sobre os andamaneses do golfo de Bengala, na Índia, publicada em 1922 com o título de *The Andaman Islanders.* Embora pouco reconhecido como estudioso de rituais, o autor narrou cerimônias nativas e cunhou a expressão "valor ritual", para indicar que um símbolo recorrente em um ciclo de rituais tem grande chance de manter o mesmo significado em todos. Outro autor de menção obrigatória é Lucien Lévy-Bruhl (1857-1939), que escreveu importantes ensaios sobre a mentalidade primitiva comparada à moderna. Note-se que nem Radcliffe-Brown nem Lévy-Bruhl se apresentavam como diretamente vinculados ao estudo dos rituais.

Uma exceção a essa tendência geral é o livro *Naven*, publicado em 1936 por Gregory Bateson (1904-1980). Nele, o autor desenvolve um experimento notável para a época; utiliza como motivação etnográfica o ritual que dá nome ao livro, *naven*, que ele descreve entre os nativos iatmul de Nova Guiné. Este comportamento implica que homens se vistam como mulheres e, igualmente, mulheres como homens, quando certas condições entre *wau* (irmão da mãe) e *laua* (filho da irmã) se apresentam. Por exemplo, determinadas proezas de um *laua* levam seu *wau* a realizar um ritual que é mais, ou menos, elaborado, dependendo da importância do ato. Um *naven* é mais completo quando um jovem captura e mata um inimigo — nesse caso o *naven* envolve um vasto número de parentes e uma grande variedade de detalhes rituais. Outros feitos são celebrados apenas a primeira vez, como a caça de certos animais, o plantio de algumas espécies, o uso do machado, a viagem e o retorno a outra aldeia etc. Há alguns comportamentos característicos do *laua* reconhecidos como obrigações, serviços ou privilégios — assim, todas as vezes que o jovem desempenha tais atividades, o *wau* responde com algum comportamento *naven*. Estão incluídos nesses atos a exibição de ancestrais totêmicos do clã do *wau* e danças com máscaras que representem esses ancestrais. Da mesma forma, performances musicais como tocar flauta ou tocar o tambor com gongos em sons considerados secretos fazem parte dos mesmos serviços. Por fim, todas as mudanças no status social de um *laua*, como perfuração das orelhas e do septo nasal, iniciação, casamento, possessão xamanística, todas são celebradas com um *naven*. (Para as jovens, o *naven* é menos freqüente e diz respeito a atividades femininas.)

A inversão das vestimentas nesse ritual segue um estilo que imita, de maneira galhofeira, as atitudes do sexo oposto. Um exemplo que Bateson testemunhou ocorreu por ocasião da construção de uma canoa por um jovem, quando dois de seus *waus* saíram pela aldeia vestidos de mulheres velhas à procura de seu *laua* — que naturalmente se escondeu. Motivo de risadas das crianças, os dois *waus* continuaram suas pantomimas pela aldeia, até chegar à canoa cuja construção estavam celebrando.

Para analisar o *naven,* Gregory Bateson optou por quatro abordagens analíticas. Ex-aluno de Malinowski e de Radcliffe-Brown, ele considerou que seria impossível apresentar a totalidade de uma cultura de forma linear, como ocorre na escrita. Sua opção foi então a de analisar os dados por meio de quatro abordagens teórico-metodológicas: depois de apresentar uma descrição geral do ritual (incluindo as ocasiões em que ocorre e as pessoas envolvidas), Bateson apresenta as perspectivas estrutural (seguindo Radcliffe-Brown), funcional (como Malinowski), e, em seguida, inova com uma análise etológica (referente à organização cultural dos instintos e emoções dos indivíduos) e outra eidológica (que diz respeito ao padrão dos aspectos cognitivos da personalidade dos indivíduos).

A proeza de Bateson em analisar de quatro perspectivas teóricas *um só ritual* ultrapassou a capacidade de compreensão da comunidade antropológica da época. A antropologia não estava preparada para reconhecer que não existem fatos sem interpretação. A etnografia bem detalhada tinha sido o modelo consagrado até então. Neste aspecto, *Naven* foi julgado devedor. Gregory Bateson só teve o reconhecimento da sua inovação teórica e metodológica passados mais de cinqüenta anos da publicação de seu livro.

Gluckman e os rituais de rebelião. *Naven* é a exceção que confirma a regra, o que indica que, passado um momento de predomínio de trabalhos monográficos (como os de Boas, Malinowski, Radcliffe-Brown etc.), a preocupação dominante da antropologia passou a incidir na comprovação do seu status científico. É assim que podemos compreender melhor o empenho, que teve início nessa época, em definir estruturas e sistemas sociais — por exemplo, a identificação de "sistemas de parentesco", "sistemas políticos", "sistemas legais" etc. (É esse exatamente o contexto que justifica o fracasso de *Naven* na época da sua publicação.) O ritual não era um desses sistemas nem estruturas — até que surgem os trabalhos de Max Gluckman (1911-1975). Gluckman procura inserir o ritual no exame das estruturas sociais, exatamente por acreditar que ele conduzia a uma forma sui generis para a resolução de conflitos. Sua área etnográfica de estudo foi a África.

Alguns pares contrastivos marcam os trabalhos de Gluckman. O primeiro focaliza a diferença entre rebelião e revolução. Em 1952, Gluckman apresentou uma conferência em homenagem a Frazer, em que introduzia a idéia de "rituais de rebelião" para distinguir alguns tipos de eventos que tinham como objetivo dar vazão à ambigüidade existente nas sociedades africanas. Gluckman mostrou como, entre os zulu, na cerimônia chamada *nomkubulwana*, homens e mulheres trocavam papéis sociais: as mulheres mostravam sua dominância contra a subordinação formal aos homens no dia-a-dia, e os homens participavam da cerimônia com o objetivo de assegurar uma boa colheita e a prosperidade do grupo. Entre os swazi, na cerimônia *incwala*, príncipes comportavam-se frente ao rei como se desejassem ardentemente o trono, e os populares mostravam abertamente o ressentimento que tinham da autoridade. O ritual de rebelião era, portanto, um "protesto institucional" que, na verdade, renovava a unidade do sistema.

Esses rituais tendiam a ocorrer, notava Gluckman, justamente em casos de ordem social bem estabelecida. A disputa recaía sobre as formas de distribuição de poder, mas não sobre a estrutura de poder em si. A ordem pública swazi, por exemplo, era um sistema no qual existiam rebeldes, mas não revolucionários — estava bem estabelecido que apenas um membro da família real poderia se tornar rei. Gluckman mostrava como um ritual de rebelião, de forma paradoxal, ajudava a manter a realeza. De maneira semelhante, na época da colheita, forças sociais conflitivas afloravam entre os zulu, mas esse era também o período de uma lenta porém ordenada liberação de emoções conflitantes. O resultado era a ênfase na unidade.

Percebemos aqui a grande diferença que Gluckman traz ao estudo dos rituais. É verdade que Durkheim e, mais enfaticamente, Van Gennep já haviam antecipado que a associação entre ritual e religião não era obrigatória: os ritos de passagem, para Van Gennep por exemplo, não dependiam da crença em poderes sobrenaturais, simplesmente marcavam uma mudança na vida de um indivíduo ou grupo. Mas Gluckman expande estas idéias e enfatiza a noção de "sistema" — um todo complexo suscetível de análise. Em outras palavras, no mesmo contexto em que se estabelece que é hora de se definir e se examinar "sistemas políticos", "sistemas de parentesco e casamento" etc., Gluckman propõe que crenças e práticas também podem constituir um "sistema ritual", enfatizando que todo sistema é um campo de tensões, ambivalências, cooperações e lutas.

Gluckman é, talvez, o primeiro a pôr os rituais em um foco bem definido: o ritual *das relações sociais.* Assim, para ele, os ritos de passagem dizem respeito à transição de posições, status e papéis. Em sociedades tradicionais como as africanas, eles são importantes por causa da estrutura específica de papéis e posições naquele meio (onde o tio é também o sogro, e ainda o sacerdote que preside determinado rito de ancestrais, mais a pessoa que aloca terra e gado, cada atividade em franca contradição com as outras). Daí o ritual operar para especificar, iluminar e focalizar o papel tematizado.

Mas em 1962 Gluckman introduz um outro contraste que se opõe à idéia de rituais de relações sociais e que não é tão bem-sucedido. Gluckman passa a defender o uso do termo "cerimônia" para indicar qualquer organização complexa da atividade humana que não seja especificamente técnica e que envolva modos de comportamento expressivos das relações sociais. Dentro desse campo "cerimonial", Gluckman define dois tipos: um, que denomina "cerimonioso" e outro, "ritual". Gluckman introduz, assim, uma certa dificuldade no quadro então vigente. Afirmando que seguia a perspectiva de Evans-Pritchard (onde o "ritual" se ligava a "noções místicas"), Gluckman ressuscita a antiga associação entre ritual e magia. Mais ainda, introduz uma diferenciação complexa entre tipos de fenômenos que estabelece como "cerimônia", "cerimonioso", "ritual", "ritualismo", "ritualização". Não é difícil antecipar que esta multiplicidade classificatória não teve sucesso.

Victor Turner e os ndembu. Uma conseqüência curiosa dessas tentativas de classificação é a constatação de que, por um período longo, os antropólogos não conseguiam tirar do horizonte as categorias de racionalidade e de misticismo associadas ao ritual. Volta e meia, o senso comum dominante aflorava e deixava suas marcas.

Este é parcialmente o caso de Victor Turner (1920-1983) — apenas parcialmente, como veremos —, reconhecido desde a década de 1970 como um dos mais conceituados especialistas na análise de rituais. Embora tenha estabelecido em 1958 que ritual é um "comportamento formal prescrito para ocasiões não sujeitas à rotina tecnológica, referindo-se a crenças em seres ou poderes místicos", felizmente sua contribuição etnográfica ultrapassou esta definição limitada.

Aluno de Gluckman, Turner fez pesquisa de campo entre os ndembu da antiga Rodésia (hoje Zimbabwe) e seguiu seu mestre na contestação dos sistemas sociais baseados em modelos estáticos. O primeiro livro que publicou enfatizava os conflitos que resultam dos dois princípios estruturais que havia identificado entre os ndembu: a matrilinearidade (descendência pela linha materna) e a virilocalidade (costume de, após o casamento, a mulher mudar-se para a aldeia do marido). Depois de realizar um estudo microssociológico em que cunha a expressão "drama social" para analisar os conflitos, Victor Turner opta pelo estudo dos rituais. Nessas seqüências de eventos conflitivos que Turner chamou de "dramas sociais", observam-se processos de ruptura, crise, reparação e reintegração. Já os rituais, Turner considerou-os superiores para investigação, por serem fixos e rotinizados, além de serem extremamente relevantes *para os nativos*.

As semelhanças entre as seqüências dos dramas sociais e as fases que Van Gennep identificou nos rituais de passagem demonstram que é por meio dessas constantes reapropriações que, muitas vezes, a teoria se expande. Na verdade, Turner é o antropólogo que vai recuperar e tornar mais produtiva a noção de liminaridade vinda de Van Gennep. E é ele também quem vai retomar plenamente a noção de estado nos ritos de passagem como algo que se estende além do status e posição social, englobando estados mentais, sentimentais e afetivos, e estados de ser que são criações culturais. Nisto, temos que reconhecer que sua análise representa um avanço sobre as de Gluckman, que, mesmo em seus melhores momentos, tendeu a reduzir os ritos a disputas e definições sobre posições sociais.

De 1965 a 1974, Victor Turner publicou seus livros clássicos sobre os rituais ndembu. Neles, o autor distingue dois tipos principais: os rituais de iniciação (para meninos e meninas) e os rituais de aflição (geralmente com o objetivo de sanar problemas relativos à menstruação, fertilidade e parto, para as mulheres, e falta de sorte na caça, para os homens). Turner fornece amplo material nos três níveis de interpretação propostos, que eram: o nível exegético — aquele que é fornecido pelos nativos e que contempla dados sobre o nome, as características e a elaboração do objeto ritual; o nível operacional — derivado do uso dos símbolos e da composição social dos grupos que realizam o ritual; e o nível posicional — conseqüência da relação entre diferentes símbolos de vários rituais ou entre símbolos de um mesmo ritual. (Vale mencionar que o nível exegético já havia sido proposto em teoria e prática pelo casal Monica e Godfrey Wilson — ambos do Rhodes-Livingstone Institute, ao qual Gluckman e Turner foram vinculados. Turner reconhece esse débito.)

Turner usa a árvore *mudyi*, presente na iniciação das meninas, como seu caso exemplar: o nível exegético, fornecido pelos ndembu, reforça a imagem da unidade feminina, representando sucessivamente a noviça, a nova personalidade da menina depois de iniciada, o "lugar da morte", o leite materno e os seios, e a continuidade da sociedade ndembu. No nível operacional, Turner nota que a árvore *mudyi* tem a peculiaridade, quando se retira a sua casca, de secretar um látex branco, em pequenas gotas parecidas com leite. Já ao observar o uso da árvore, Turner percebe que, dependendo do momento em que a árvore é utilizada no ritual, os aspectos harmoniosos apontados pelos nativos passavam por uma mudança drástica. É nessa situação que as diferenças presentes na sociedade ndembu tornam-se visíveis: entre homens e mulheres (só as mulheres podem dançar em torno da jovem no primeiro dia de iniciação) e entre a mãe da noviça e o grupo de mulheres adultas (a mãe é impedida de participar das atividades das outras mulheres, mas em etapa posterior do ritual mãe e filha trocam roupas entre si).

Símbolos rituais têm, portanto, vários significados, dependendo do contexto, o que leva Turner a enfatizar que sua natureza é polissêmica. Embora reconheça a possibilidade de se detectar um "valor ritual" nos símbolos (conforme definido por Radcliffe-Brown), Turner estava mais interessado em ver a multiplicidade de significados *em ação*, nos processos, conflitos e dramas. Para ele, a fissão e a micropolítica dos ndembu são resolvidas nos rituais e na polissemia dos símbolos — esta última o aspecto que o antropólogo reconhecia como o mais importante.

Agora, sim, parecia que finalmente a referência aos "poderes místicos" era abandonada: as análises de Victor Turner estavam distantes dos seres sobrenaturais ainda presentes em sua própria definição de ritual. Mas é preciso lembrar que também Jack Goody, renomado antropólogo inglês, nos anos 1960 ainda definia ritual como uma categoria de comportamento padronizado em que a relação entre meios e fins não era "intrínseca" — isto é, não era racional.

Mitos e ritos

É neste contexto que se pode apreciar a novidade, a revolução mesmo, que Claude Lévi-Strauss traz à antropologia. Mas o estruturalismo — expressão que ele cunha para enfatizar que está à procura dos aspectos estruturais universais da mente humana — dedica-se mais aos mitos do que aos ritos, isto é, mais ao que é *dito* do que ao que é *feito*. Os ritos teriam ainda que esperar mais de uma década para receber uma atenção equivalente à concedida por Lévi-Strauss aos mitos. Vejamos o que estou chamando "a revolução" produzida por Lévi-Strauss.

Lévi-Strauss. Como vimos, desde o final do século XIX, atormentados pela distinção entre magia, religião e ciência — ora para colocar esses fenômenos em seqüência evolutiva, ora para procurar caracterizá-los como mais, ou menos, primitivos e civilizados —, os antropólogos haviam estabelecido, em algumas décadas, que a racionalidade deveria ser examinada *em contexto*. Mas a questão da semelhança e/ou diferença entre grupos humanos ainda perseguia os antropólogos. É então, na seqüência que inclui Tylor e Frazer, Durkheim, Malinowski, Radcliffe-Brown, Gluckman e Turner, que Lévi-Strauss (n. 1908) ocupa um lugar de destaque, por haver dado o passo definitivo que aproximou as coordenadas de tempo (evolutivo ou histórico) e espaço (etnográfico). Lévi-Strauss demonstrou que, "primitivos" ou "modernos", com ou sem escrita, com menos ou mais tecnologia, somos todos racionais em contexto, psiquicamente unos. Pensamos em termos binários e temos, todos, nossa própria magia, religião e ciência. Em outras palavras, os "primitivos" têm magia mas também operam de maneira classificatória; nós, modernos, além de ciência, como os "primitivos" também nos baseamos na *bricolagem* — termo utilizado por ele para indicar a construção de novos artefatos a partir de unidades já classificadas em uma sociedade ou cultura.

Primitivos e modernos estávamos, finalmente, lado a lado. Em *O pensamento selvagem*, de 1962, as práticas e crenças humanas tomam essa dimensão horizontal: se os esquimós classificam tipos de neve com uma sofisticação inimaginável para os ocidentais, por outro lado europeus dão nomes metafóricos a seus animais de estimação — de forma em tudo semelhante à maneira como australianos definem seus totens. Isto é, a ciência dos esquimós está lado a lado com o nosso pensamento selvagem. A idéia de bricolagem (quer metafórica, quer metonímica) é fundamental nesse processo e está presente nos mitos, na arte, no totemismo (e, nas últimas décadas, foi reconhecida também na ciência).

Mas há um lado difícil na proposta de Lévi-Strauss para quem estuda rituais. É que, embora afaste o problema da racionalidade entre meios e fins no pensamento selvagem, Lévi-Strauss faz ressurgir uma antiga dicotomia, a saber, cultos (rituais) *vs* representações: de um lado, estão as ações; de outro, o pensamento. Constata-se esta divisão implícita no fato de que mitos, totemismo, arte, nominação etc. tornam-se fenômenos "bons para pensar" e meios adequados para se atingir as estruturas da mente humana. Os ritos ficam depreciados: a eles se relega a simples execução de gestos e a manipulação de objetos. A própria exegese do ritual (tão fundamental para Victor Turner, como vimos) torna-se apenas parte da mitologia que informa o ritual. Isto é o que defende Lévi-Strauss no último volume das *Mithologiques*, publicado em 1971.

Ritos e mitos marcariam, portanto, uma antinomia inerente à condição humana: a do viver e a do pensar. Influenciado pela lingüística dominante na época (derivada de Ferdinand de Saussure e de Roman Jakobson), para Lévi-Strauss o mito tinha uma afinidade profunda com a estrutura da língua, transformando-se no pensar pleno — e, assim, superior ao rito, relacionado à prática. Curiosamente, até os contendores de Lévi-Strauss na época contribuíram para a analogia mitos = representações. Victor Turner, por exemplo, ao se definir claramente *contra* a lingüística, estabeleceu que ritos eram bons para a resolução de contendas e explicitação das ambigüidades da estrutura social. Turner se colocava, portanto, do lado oposto a Lévi-Strauss, fazendo dos ritos o caminho virtuoso para se acessar a estrutura — não da mente, mas da sociedade. Em outras palavras, o *viver* e o *pensar* definiam-se como incompatíveis na prática e na teoria: Turner se interessava pelo primeiro, Lévi-Strauss afirmava a importância do segundo.

Constatamos, pois, o vai-e-vem que caracteriza o desenvolvimento da antropologia. Em artigos reunidos em 1948 em *Magia, ciência e religião*, Malinowski já havia proposto a relação entre mitos e ritos, isto é, entre o viver e o pensar. Os autores que estou focalizando parecem avançar alguns passos e, logo após, retroceder outros, fazendo do processo um roteiro longo e cheio de curvas. Este é o caminho do refinamento teórico: nunca linear, sempre espiralado. Em termos do estudo de rituais, chega-se a um novo patamar com Edmund Leach — que também não deixa de retroceder um passo, como veremos.

Edmund Leach. O legado de Lévi-Strauss é fundamental para Leach (1911-1989). Ele consolida a idéia de que "primitivos" e "modernos" são iguais e recupera o que havia se perdido no entusiasmo estruturalista de Lévi-Strauss — não apenas *pensamos* de forma similar, mas *vivemos* de forma similar. Embora haja diferenças entre sociedades — diferenças estas que os antropólogos apreciam e defendem —, existe um repertório básico de ações que partilhamos. Somos semelhantes e diferentes *ao mesmo tempo*. É neste sentido que Leach analisa eventos relatados na Bíblia como se fossem *mitos*, e examina com o mesmo instrumental uma pintura de Michelangelo. Em seguida dedica-se a esmiuçar tabus kachin da antiga Birmânia, e para isso investiga e analisa fotografias de seus antepassados. Afinal, somos todos iguais.

Mas Leach faz mais. Além de equiparar *de fato* nossos hábitos com experiências de campo em sociedades tradicionais, ele também nivela mitos e ritos. Como para Malinowski, muito antes, para Leach mitos e ritos são fenômenos interligados e ambos precisam ser focalizados *em ação*. Qual caminho Leach percorre? Em 1954, ele reduz a distinção entre os dois fenômenos ao estudar os kachin, concebendo-os como engajados em comportamentos que são menos ou mais técnicos, e menos ou mais rituais. Por exemplo, quando um kachin decide falar um dos vários idiomas que domina, ele não apenas utiliza a linguagem como meio de comunicação, mas também como forma simbólica de afirmar seu status. Dessa maneira, Leach defende as funções múltiplas, pragmáticas e rituais/simbólicas, dos comportamentos.

Alguns anos mais tarde, em 1966, Leach define em mais detalhe o aspecto ritual da comunicação, distinguindo três tipos de comportamento: 1) o racional-técnico, dirigido a fins específicos que, julgados por nossos padrões de verificação, produzem resultados de maneira mecânica; 2) o comunicativo, que faz parte de um sistema que serve para transmitir informações por meio de um código cultural; e finalmente 3), o mágico, que é eficaz em termos de convenções culturais. Exemplos desses três tipos de comportamento são (1) o corte de uma árvore; (2) um aperto de mão; (3) um juramento. Leach enfatiza que a antropologia até então considerava ritual apenas a classe de comportamentos do terceiro tipo, chamando o segundo de etiqueta ou cerimonial. Para Leach, "ritual" seria um termo aplicável tanto ao segundo quanto ao terceiro tipo de comportamento.

Leach dava, assim, um grande passo. Veja como ele *não* distinguia comportamentos verbais de não-verbais: cumprimentar com um aperto de mão e fazer um juramento por meio de palavras eram, os dois, rituais. Essa era uma grande inovação: o ritual era um complexo de palavras e ações e o enunciado de palavras já era considerado um ritual. Mais: o ritual tornava-se uma espécie de linguagem condensada e, portanto, econômica. Isso fazia do "primitivo" — por muito tempo qualificado como atrasado e irracional — um ser humano sagaz e engenhoso, contrariando o senso comum.

Mas, como temos visto, mesmo avanços e refinamentos não são lineares: talvez pela influência de Lévi-Strauss (especialmente o vínculo que este estabelece entre magia e ciência), Leach tenha aproximado *demais* ritos e mitos: ritos tornam-se uma forma de transmitir e perpetuar o conhecimento socialmente adquirido. Nessa formulação perdem-se, pelo menos em parte, as características específicas de ambos, isto é, de mitos e de ritos, assim como a combinação do pensar e viver que o próprio Leach havia estabelecido antes. Agora, o rito era principalmente *bom para pensar* (como o mito, antes).

Stanley Tambiah. Era preciso voltar a estabelecer que ritos e mitos eram bons para pensar *e* para viver. É esse o passo que Stanley Tambiah (n. 1929) — autor de nossa definição operativa inicial — dá depois que Leach unifica ritos e mitos. Completa-se, assim, o círculo, mas sem fechá-lo. Qual a vantagem? Fechá-lo seria voltar simplesmente ao ponto inicial que Durkheim e Mauss propuseram no começo do século: uma sociedade não apenas se reproduz porque os indivíduos se relacionam e porque pensam o mundo; o movimento e o dinamismo das sociedades deriva da eficácia de forças sociais ativas. Segundo Durkheim e Mauss, a sociedade é um sistema de forças atuantes: a eficácia das ações sociais e das crenças precisa ser incluída na análise para que se identifiquem os mecanismos de movimento e de reprodução da sociedade.

Tambiah efetivamente retoma a idéia de eficácia, depois que Leach inclui a ação como um meio de transmissão de conhecimento, mas acrescenta um elemento fundamental, que esclarece de onde vem a eficácia social definida por Mauss. É assim que ele introduz a idéia de "ação performativa": um atributo intrínseco tanto à ação quanto à fala, que permite comunicar, fazer, modificar, transformar. Se, então, o ritual é 1) um sistema cultural de comunicação simbólica; 2) constituído de seqüências ordenadas e padronizadas de palavras e atos; 3) freqüentemente expresso por múltiplos meios; 4) esta ação ritual é *performativa*. A eficácia de Mauss recebe, agora, essa nova formulação que esclarece *como a eficácia se dá*. Ela se dá em três sentidos: primeiro, no sentido pelo qual dizer alguma coisa é também fazê-la — quando digo "eu prometo", por exemplo, digo e faço algo agora, e comprometo-me no futuro; segundo, no sentido pelo qual os participantes experimentam intensamente uma performance que utiliza vários meios de comunicação — por exemplo, quando desfilamos em uma escola de samba e somos levados, independentemente da nossa vontade manifesta, a partilhar da alegria coletiva; terceiro, no sentido de valores que são criados e inferidos pelos atores durante a ação — por exemplo, quando um embaixador brasileiro participa de uma reunião das Nações Unidas, ele *é* o Brasil. Suas ações de caráter individual representam um Estado-nação.

Combinam-se, assim, as dimensões do viver e do pensar: rituais servem para resolver conflitos ou diminuir rivalidades (como queria Turner) e, *ao mesmo tempo*, para transmitir conhecimento (como defendia Leach). Rituais são adequados para realizar essas funções aparentemente diversas, porque são *performativos*. Desta forma, a eficácia da ação social, que Mauss tanto insistiu em incluir em sua visão da sociedade, recebe uma formulação renovada: não se trata mais apenas do *mana* — esse poder que está presente, por exemplo, nas noções de sorte, azar, acaso (e que escapa às nossas noções de racionalidade) —, porém de uma abordagem que nos auxilia a examinar a fonte desse poder nas características próprias da ação social plena, que inclui tanto o falar quanto o agir.

Considerando-se essa abordagem, há alguma dúvida de que o carnaval brasileiro é um ritual?

O carnaval como ritual

Os trabalhos de Roberto DaMatta (n. 1936) sobre o carnaval são clássicos de referência obrigatória na antropologia feita no Brasil. É importante logo mencionar que duas influências (que já conhecemos bem) foram marcantes para DaMatta: Victor Turner e Edmund Leach. Na historiografia que seguimos nas páginas anteriores, esses dois autores pareciam incompatíveis: Turner interessava-se pelo vivido, Leach considerava os ritos uma forma de transmissão de conhecimentos. Mas, exatamente aqui, temos um exemplo de como, frente a novos dados etnográficos, autores aparentemente antagônicos podem não apenas se compatibilizar, mas se somar para esclarecer ângulos desconhecidos.

DaMatta, entretanto, não quer apenas estudar rituais. Seu projeto de longo prazo inclui o exame de dimensões fundamentais da sociedade brasileira, explicitando valores, atitudes e idéias subjacentes à nossa identidade, ou, como ele coloca, descobrir o que faz do brasil Brasil. É com este objetivo que no livro *Carnavais, malandros e heróis* ele aborda os temas do carnaval, dos desfiles cívicos e religiosos, analisa o uso da expressão "Você sabe com quem está falando?" e examina personagens que assumem o papel de heróis (ou anti-heróis) na nossa literatura. Dessa maneira, rituais não são fins em si mesmos, mas portas de entrada para a compreensão do Brasil e especialmente adequados para um exame das ambigüidades e dilemas que permeiam a sociedade brasileira. DaMatta define esses dilemas em diálogo com os trabalhos de Louis Dumont sobre a predominância de ideologias e valores, quer hierárquicos, quer igualitários. Para DaMatta, o Brasil fica a meio caminho entre os dois pólos (que podem ser representados pela Índia das castas e os Estados Unidos do indivíduo). No Brasil, a sociedade é relacional e contextual.

Diferente do dia da Pátria (que está ligado às Forças Armadas e às autoridades), diferente também da Semana Santa (e das festas religiosas vinculadas à Igreja Católica), o carnaval é uma festa popular, informal, que cria uma idéia de comunidade. Um ritual sem dono, realizado em determinados dias e em espaços definidos, que favorece a formação de grupos sociais novos, reconfigurados logo depois. O mundo, como o conhecemos, inverte-se no carnaval. Para indicar a orientação dessa inversão, DaMatta toma os domínios da *casa* e da *rua* e mostra como a festa os reelabora, seja em um esforço de transcendência, seja em um esforço de separação ou reforço dos dois mundos. No carnaval é como se a sociedade fosse capaz de inventar um espaço especial onde a casa e a rua se encontram: se a festa tem aspectos públicos (DaMatta exemplifica com o desfile das escolas de samba e dos grupos formais), ela também permite um conjunto de gestos que, em geral, só se realizam em casa. O carnaval produz uma realidade que desfaz o dia-a-dia em um processo violento de individualização. Este processo ocorre em múltiplos planos e utiliza-se de diversos meios: fantasias especiais (diferentes das roupas diárias), alegorias grandiosas, comportamentos não-rotineiros (com freqüência incluindo reversão de papéis sociais), música específica e letras "de carnaval", brincadeiras definidas, além de espaços e tempos socialmente reconhecidos como próprios à festa — todos estes elementos ricos de significados e passíveis de investigação simbólica.

Para o autor, portanto, rituais devem ser examinados tendo como contraponto o cotidiano: ambos são parte de uma mesma estrutura, como as duas faces de uma mesma moeda, expressando os mesmos princípios sociais. Aqui se percebe claramente a forte influência dos trabalhos de Victor Turner, que chamou a atenção para o vínculo entre o ritual e a idéia de *communitas* como um princípio social igualitário. Assim, DaMatta nos diz que, nos rituais, as seqüências de comportamentos são dilatadas ou interrompidas por meio de gestos, pessoas, idéias ou objetos. A dramatização do cotidiano que ocorre nesse tempo faz surgirem novos significados.

No caso do carnaval do Rio de Janeiro, por exemplo, DaMatta identifica os seguintes elementos: 1) a exibição em oposição à modéstia e ao recato; 2) os papéis da mulher como virgem e como prostituta; 3) gestos, músicas e harmonias por meio dos quais a população conta e canta uma história sobre si mesma; 4) o deslocamento da hierarquia e da igualdade: as escolas são classificadas em "grupos" (hierarquizados) e o desfile é um momento em que esses grupos estão em franca competição (sob o princípio da igualdade). Por tudo isso, o carnaval serve "a quem está em cima e a quem está embaixo, a quem está em casa e a quem está na rua".

O que o carnaval nos ensina? Qual a sua eficácia? DaMatta esclarece: é no carnaval que a sociedade pode ter uma visão diferente de si mesma. Há, portanto, no ritual a sugestão de que o momento extraordinário pode se transformar em rotina. No ritual como drama, observam-se os conflitos, as ambigüidades e os dilemas, mas também as potencialidades, as alternativas e as utopias dos brasileiros.

A marcha política como ritual

A procura de alternativas — no caso, explicitamente políticas — guiou outro fenômeno recente no Brasil, examinado por Christine de Alencar Chaves (n. 1965): a Marcha Nacional dos Sem-Terra. Organizada pelo Movimento dos Trabalhadores Sem-Terra (MST), a marcha percorreu exatos 1.000 km, partindo de três pontos distintos do país até a capital, Brasília. Christine Chaves analisou-a como um "ritual de longa duração" que, tendo início em 17 de fevereiro e encerrando-se em 17 de abril de 1997, produziu uma intensa mobilização da população urbana e rural, da imprensa, do governo, dos partidos políticos.

Quais as semelhanças e diferenças mais evidentes quando consideramos o carnaval e a Marcha dos Sem-Terra como rituais? Primeiro, a natureza dos fenômenos: o carnaval é uma festa anual que se insere no calendário de origem cristã, mas que se torna símbolo de nacionalidade no Brasil. O propósito do carnaval é festivo, tratando-se de uma celebração explícita da sociedade. Já a marcha foi um evento único e especial, com referência a uma data específica (o encerramento ocorreu um ano após o massacre de trabalhadores em Eldorado dos Carajás, no Pará), seu caráter ritual não advinha da rotinização do evento, e o objetivo era sacrificial, ao agregar um grande número de participantes para uma longa e penosa caminhada de dois meses.

Esta foi uma das contribuições centrais de Christine Chaves: indicar que, mesmo com um objetivo eminentemente político, o de chamar a atenção da sociedade brasileira para as extremas desigualdades existentes no país, elegeu-se a combinação de formas tradicionais: as marchas de protesto e as procissões. Pelo desenho do evento — três colunas movimentando-se lentamente de São Paulo, Governador Valadares e Cuiabá para se reunir no centro territorial e político do país —, a marcha produziu um capital simbólico significativo, revelando o alto potencial de um fenômeno tão antigo e generalizado como as peregrinações. Christine Chaves mostra como a Marcha cruzou mais que estradas — ela atravessou e produziu um *solo moral*, redesenhando o mapa territorial e simbólico do Brasil. Na verdade, a chegada dos caminhantes sem-terra a Brasília representou a conversão simbólica de uma peregrinação em vitória política, unificando em uma mesma manifestação as formas de parada militar, procissão religiosa, comício político, show artístico, festa e carnaval.

Além do percurso diário ao longo das rodovias — acompanhado e divulgado pela imprensa nacional —, uma seqüência específica marcava a passagem das colunas dos marchantes pelas cidades e vilarejos: em cada lugar que as fileiras dos sem-terra entravam, realizavam um ato público e montavam um acampamento provisório. Apenas em Brasília a escala foi maior. O propósito da caminhada era reiterado constantemente em discursos, músicas e atos públicos: dar terra aos "sem-terra", chamar a atenção para o problema do desemprego nas cidades e para a impunidade dos crimes e violências cometidos contra trabalhadores rurais.

Vemos, desse modo, que esse é um ritual questionador, de protesto e de oposição. Em outras palavras, rituais tanto reafirmam quanto questionam a sociedade, mas o fazem de várias maneiras: festiva, no carnaval; contestadora, na marcha. Gostaria aqui de chamar a atenção para um fato importante: a Marcha dos Sem-Terra teve natureza pacífica, isto é, não pretendia desencadear uma "revolução". Não obstante, tratou-se de um evento *político*, cujas características em geral trazem projetos de transformação. Foi como ritual político potencialmente transformador, que obteve reconhecimento público e entrou vitoriosa em Brasília.

A Marcha também indicou, na cosmologia implícita do MST, o nexo entre religião e política. A própria forma da Marcha já revela o vínculo: a antiga tradição das romarias foi apropriada por acampados do MST nas caminhadas em direção às cidades e aos centros de poder. Como diz a autora, de uma peregrinação rumo a um território sagrado elas se transformaram em caminhada em direção ao espaço político. Na Marcha, a fronteira entre o religioso e o político perdeu nitidez, indicando a necessidade de se repensar a adequação de algumas distinções analíticas consagradas (como religião, política, direitos), que assumimos como separados e independentes.

Christine Chaves finalmente nos mostra como a eficácia da ação ritual reside no fato de acionar crenças culturais essenciais — crenças que constituem uma cosmologia — mas, ao mesmo tempo, questionar determinadas estruturas sociais. Neste sentido, os rituais podem concorrer para a construção de novas legitimidades, permitindo desvendar mecanismos de diferenciação social e realizar a passagem das ideologias para os sistemas de ação (e vice-versa). É na ação que homens e mulheres de carne e osso, para citar mais uma vez a autora, buscam transformar interesses e ideais em realizações concretas. Rituais são, assim, *bons para pensar* e *bons para viver*. A partir deles tomamos conhecimento de nosso mundo ideal e de nossos projetos e ambições; a partir deles revelam-se trilhas, encruzilhadas e dilemas e, no processo, consegue-se, muitas vezes, encaminhar mudanças e transformações.

Conclusão

Naturalmente, os resumos que fiz dos estudos de Roberto DaMatta sobre o carnaval e de Christine Chaves sobre a Marcha Nacional dos Sem-Terra não fazem justiça aos dois trabalhos. Um contato direto com os textos originais permitirá uma apreciação mais aguçada. Mas resumi-los serviu para exemplificar os temas e as abordagens utilizados nos dois livros, além de servir para demonstrar um ponto importante que foi apenas insinuado no início deste livro: o de que o ritual é uma forma de ação sobretudo maleável e criativa que, com conteúdos diversos, é utilizada para várias finalidades. Com os exemplos do carnaval e da marcha política — se não pelos anteriores, como o *potlatch* e o *kula* — espero ter eliminado o preconceito (ainda presente e de enorme persistência) que vê os rituais como fenômenos formais e desprovidos de sentido. Seguindo a mesma linha, este pequeno livro tem a pretensão de questionar a idéia que se faz dos rituais como opostos à racionalidade e afeitos a crenças místicas.

O caminho que percorremos ocupou poucas páginas, mas teve a duração de um século no desenvolvimento da antropologia. Foi um processo longo, como é natural nas transformações teóricas. Inicialmente presos na discussão relativa à magia, religião e ciência, os antropólogos aos poucos foram secularizando a noção de ritual, a ponto de ver esses fenômenos como especiais e críticos *independentemente* de critérios de racionalidade, religiosidade e misticismo. O ritual — agora definido etnograficamente, isto é, em termos nativos — tornou-se um fenômeno interessante para análise justamente porque, no longo processo de reflexão sobre suas características intrínsecas, reconheceu-se que ele tem o poder de ampliar, iluminar e realçar uma série de idéias e valores que, de outra forma, seriam difíceis de discernir.

O mecanismo da bricolagem, definido por Lévi-Strauss, é fundamental aqui: os elementos que entram no ritual já existem na sociedade, fazem parte de um repertório usual, mas são então reinventados. Se o ritual possui características marcantes de estereotipia, redundância, condensação e, às vezes, formalidade, esses são traços de eventos sociais em geral — no ritual eles apenas são reforçados. Concluímos, portanto, que rituais são um tipo especial de eventos, mas não qualitativamente diferentes daqueles considerados usuais. Sendo assim, o instrumental desenvolvido para analisá-los pode ser reapropriado, com proveito, para exame dos eventos cotidianos.

A idéia de bricolagem vincula o ritual à criatividade e à originalidade — ao contrário do que diz o senso comum, que vê os ritos como rígidos e imutáveis — e, portanto, é favorável a mudanças e transformações. Vimos esses aspectos nos dois últimos exemplos. O carnaval faz parte de uma rotina na vida do Rio de Janeiro. Apesar disso, por quantas transformações não passou? Os mais tradicionalistas temem as mudanças, receando que o carnaval possa se descaracterizar, isto é, tornar-se pobre ou medíocre. No entanto, o oposto ocorre: quanto mais o carnaval se transforma, mais reconhecimento social adquire como "a festa" da cidade. E as peregrinações? Não são elas antigas formas de homenagem, obediência e/ou submissão ao sagrado? Quando vemos essa forma elementar de sociabilidade apropriada por um movimento social contestatório, não estamos vendo a criatividade e a engenhosidade dos atos de sociedade em ação? Logo, mudanças e transformações não são inimigas do ritual, mas uma potencialidade desse fenômeno tão familiar aos antropólogos.

Há um último aspecto a enfatizar: no percurso a respeito dos estudos sobre rituais, verificamos que décadas de discussão se passaram para que se chegasse à conclusão de que 1) uma definição relativa de ritual era superior a uma definição rígida, 2) há pouco significado em se procurar as diferenças entre ritual e cerimonial, e 3) é irrelevante determinar a primazia entre ritos e mitos. A idéia de ritual nos serve hoje de guia para uma análise antropológica mais ampla e mais rica: como os exemplos nos indicaram, pelo carnaval conhecemos um dos mecanismos básicos da sociabilidade brasileira, isto é, a relação entre hierarquia e individualismo que está manifesta nas fantasias, desfiles e músicas. Por meio da marcha do MST reconhecemos um dos elementos fundamentais do repertório político no Brasil: as peregrinações que nos indicam a legitimidade social do vínculo entre política e religião no país. Em outras palavras, o ritual mostrou ser uma porta heurística, pela qual podemos vislumbrar aspectos de uma sociedade que dificilmente se manifestam em falas, depoimentos e discursos.

Estamos, assim, preparados para reconhecer hoje que, muitas vezes, a ação social é mais eloqüente para o analista que uma fala descontextualizada. Por meio da análise de rituais, podemos observar aspectos fundamentais de como uma sociedade vive, se pensa e se transforma — o que não é pouco.

Referências e fontes

• A linha geral da argumentação deste livro está desenvolvida, em texto mais especializado, em M. Peirano (org.) *O dito e o feito: Ensaios de antropologia dos rituais* (Rio de Janeiro, Relume Dumará, 2001), especialmente na introdução e no capítulo 1.

• Utilizei como base para a abordagem aos rituais a proposta de Stanley Tambiah, apresentada no capítulo 4 ("A Performative Approach to Ritual") de *Culture, Thought and Social Action* (Cambridge, Mass., Harvard University Press, 1985). Essa abordagem tem como fundamento os textos clássicos de Émile Durkheim, *As formas elementares da vida religiosa* (São Paulo, Martins Fontes, 1996), e de Marcel Mauss, nos dois ensaios sobre a magia e sobre a dádiva, publicados inicialmente em 1902-1903 e 1925 e reproduzidos em *Sociologia e antropologia* (São Paulo, EPU & Edusp, 1974). Para examinar os fenômenos do *potlach* e do *kula*, utilizei o texto de Mauss sobre a dádiva e o clássico *Os argonautas do Pacífico Ocidental*, de Bronislaw Malinowski (São Paulo, Abril, 1989).

• Uma série de artigos clássicos sobre rituais dos quais fiz uso extensivo pode ser encontrada em *Reader in Comparative Religion: An Anthropological Approach*, organizado por

William A. Lessa e Egon Z. Vogt, e publicado em 1958 em Nova York pela Harper and Row Publishers. Quanto à historiografia dos estudos sobre rituais, consultei excelentes verbetes, escritos por antropólogos então iniciantes mas hoje bastante conceituados, na *International Encyclopedia of the Social Sciences*, organizada por David L. Sills e publicada em 1968 pela Macmillan Company & The Free Press. Como exemplos, cito os verbetes "Edward Burnett Tylor" (texto elaborado por George Stocking Jr, vol.16), "Religion" (por Clifford Geertz, Norbert N. Bellah e James E. Dittes, vol.13), "Ritual" (por Edmund Leach, vol.14) e "Arnold Van Gennep" (por Solon T. Kimball, vol.6).

• A principal fonte sobre os trabalhos de Victor Turner sobre os ndembu continua sendo *The Forest of Symbols: Aspects of Ndembu Ritual* (Ithaca, Cornell University Press, 1967), mas fiz também uso do extenso material que coletei por ocasião da reanálise a que submeti o material etnográfico ndembu com base nas idéias de Stanley Tambiah, e que constitui o capítulo 3 de Mariza Peirano, *A favor da etnografia* (Rio de Janeiro, Relume Dumará, 1995).

• Para o vínculo teórico de Turner com os trabalhos de Max Gluckman, consultei V. Turner, "A Revival in the Study of African Ritual", um comentário sobre o livro *Rituals of Rebellion*, de Max Gluckman, publicado no *The Rhodes-Livingstone Journal*, vol.16, com o título "Human Problems in British Central Africa", em 1955 (p.51-6) e, para a perspectiva de Max Gluckman sobre rituais, M. Gluckman (org.) *Essays on the Ritual of Social Relations* (Manchester, University Press, 1962), onde há uma introdução ao trabalho de três autores (Meyer Fortes: "Ritual and Office in Tribal Society"; Daryll Forde: "Death and Succession: An Analysis of Yakö Mortuary Ritual"; e Victor Turner: "Three Symbols of Passage in Ndembu Circumcision Ritual: An Interpretation"). O texto onde o autor discute o vocabulário relacionado aos rituais e explora as diferenças entre os vários termos está apresentado no texto "Les rites de passage", primeiro artigo da coletânea, aqui resumido.

• Para a apresentação dos dois rituais que encerram este livro — o carnaval e a marcha dos sem-terra —, baseei-me respectivamente nos trabalhos de Roberto DaMatta, *Carnavais, malandros e heróis: para uma sociologia do dilema brasileiro* (Rio de Janeiro, Zahar, 1979) e de Christine de Alencar Chaves, A *marcha nacional dos sem-terra: um estudo sobre a fabricação do social* (Rio de Janeiro, Relume Dumará, 2000).

Leituras recomendadas

• Como este livro segue em grande parte as linhas definidas no prefácio de *O dito e o feito: Ensaios de antropologia dos rituais*, nesta coletânea o leitor encontrará vários exemplos contemporâneos de análises de rituais realizadas no Brasil.

• Para uma base sólida dos clássicos, recomendo, com ênfase, *As formas elementares da vida religiosa*, de Émile Durkheim, "A teoria do dom", de Marcel Mauss (em *Sociologia e antropologia*) e *Magia, ciência e religião*, de Malinowski (Lisboa Edições 70, 1988). Para os leitores que dominam a língua inglesa, sugiro a leitura do texto original de Stanley Tambiah, "A Performative Approach to Ritual" (*Culture, Thought and Social Action*). Finalmente, é interessante tomar conhecimento em primeira mão de monografias brasileiras, como o já clássico *Carnavais, malandros e heróis*, de Roberto DaMatta, e *A marcha nacional dos sem-terra*, de Christine de Alencar Chaves. Para um estudo que revela como as mudanças no carnaval carioca não diminuíram em sua importância social, sugiro a leitura do livro de Maria Laura Cavalcanti, *Carnaval carioca: dos bastidores ao desfile* (Rio de Janeiro, UFRJ, MinC/Funarte, 1994). Para aqueles que desejarem ler sobre rituais em sociedades indígenas no Brasil, recomendo *Ritos de uma tribo timbira*, de Julio Cezar Melatti (São Paulo, Ática, 1978), *Comendo como gente: for-*

mas do canibalismo wari, de Aparecida Vilaça (Rio de Janeiro, UFRJ, 1992) e *Kwaríp, mito e ritual no Alto Xingu*, de Pedro Agostinho (São Paulo, EPU/Edusp, 1974).

• Em um curso de graduação sobre rituais, sugiro que, além das leituras de Durkheim e Mauss, seu organizador inclua textos de James Frazer (*O ramo de ouro*. Rio de Janeiro. Guanabara, 1982), Bronislaw Malinowski (*Magia, ciência e religião*), Arnold Van Gennep (*Os ritos de passagem*. Petrópolis, Vozes, 1978), Max Gluckman (*Rituais de rebelião no sudoeste da África*. Série Textos de Aula, Antropologia 4, Brasília, Editora da UnB) e Victor Turner (*O processo ritual*. Petrópolis, Vozes, 1974). O primeiro capítulo de *O pensamento selvagem*, de Lévi-Strauss, é ótimo texto para indicar o momento em que se define, sem possibilidade de retorno, a horizontalidade das práticas humanas. A coletânea de textos da Editora Ática sobre Edmund Leach, organizada por Roberto DaMatta, possui vários artigos de interesse para o estudo de rituais, como "Cabelo mágico", "Gênesis como mito", "Categorias animais e abuso verbal".

Sobre a autora

Mariza Peirano é doutora em antropologia pela Universidade de Harvard e professora titular do Departamento de Antropologia da Universidade de Brasília (UnB), onde ensina e pesquisa desde 1980. Atualmente faz parte do Núcleo de Antropologia da Política, coordenando o subprojeto "Rituais da política". Publicou anteriormente *Uma antropologia no plural: três experiências contemporâneas* UnB, 1992, e *A favor da etnografia* (Relume Dumará, 1995), e organizou *O dito e o feito: Ensaios de antropologia dos rituais* (Coleção Antropologia da Política, Relume Dumará, 2001).

Coleção **PASSO-A-PASSO**

Volumes recentes:

CIÊNCIAS SOCIAIS PASSO-A-PASSO

O negócio do social [40], Joana Angélica Barbosa Garcia

Origens da linguagem [41], Bruna Franchetto e Yonne Leite

Antropologia da criança [57], Clarice Cohn

Patrimônio histórico e cultural [66], Pedro Paulo Funari e Sandra de Cássia Araújo Pelegrini

Antropologia e imagem [68], Andréa Barbosa e Edgar T. da Cunha

Antropologia da política [79], Karina Kuschnir

Sociabilidade urbana [80], Heitor Frúgoli Jr.

Pesquisando em arquivos [82], Celso Castro

Cinema, televisão e história [86], Mônica Almeida Kornis

FILOSOFIA PASSO-A-PASSO

Estética [63], Kathrin H. Rosenfield

Filosofia da natureza [67], Márcia Gonçalves

Hume [69], Leonardo S. Porto

Hannah Arendt [73], Adriano Correia

Schelling [74], Leonardo Alves Vieira

Niilismo [77], Rossano Pecoraro

Kierkegaard [78], Jorge Miranda de Almeida e Alvaro L.M. Valls

Filosofia da biologia [81], Karla Chediak

Ontologia [83], Susana de Castro

John Stuart Mill & a liberdade [84], Mauro Cardoso Simões

Filosofia da história [88], Rossano Pecoraro

Teoria do conhecimento [91], Alberto Oliva

PSICANÁLISE PASSO-A-PASSO

Psicanálise com crianças [75], Teresinha Costa

Feminino/masculino [76], Maria Cristina Poli

Cinema, imagem e psicanálise [85], Tania Rivera

Trauma [87], Ana Maria Rudge

Édipo [89], Teresinha Costa

A psicose [90], Andréa M.C. Guerra

A angústia [92], Sonia Leite

Educação e psicanálise [93], Rinaldo Voltolini

Os outros em Lacan [94], Antonio Quinet

A paixão [95], Marcus André Vieira

Histeria: o caso Dora [96], Nadiá Paulo Ferreira e Marcus Alexandre Motta